CHRISTIANE STÉFANOPOLI

CATASTROPHE AU CAMPING DES ROSES

Illustrations : Palle Schmidt

TEEN READERS · TR · TEEN READERS

Christiane Stéfanopoli:
Catastrophe au Camping des Roses
Teen Readers, Niveau 0

Rédacteurs de série :
Ulla Malmmose et Charlotte Bistrup

EASY READERS, Copenhagen
- a subsidiary of Lindhardt og Ringhof Forlag A/S,
an Egmont company.

ISBN Danemark 978-87-23-90405-8
www.easyreaders.eu

The CEFR levels stated on the back of the book
are approximate levels.

Easy Readers
EGMONT

Imprimé au Danemark

BIOGRAPHIE DE L'AUTEUR

Je suis née à Nice en 1945. Ensuite j'ai eu la chance de voyager, ce qui m'a donné plusieurs vies : j'ai habité près de Bordeaux (beaucoup de pluie), à Nice (beaucoup de soleil), à Copenhague (printemps et automnes magnifiques), en Australie (trop de soleil) et ... à Copenhague. Qu'est-ce que j'ai fait après l'université? J'ai travaillé comme assistante de recherche, femme au foyer, prof de sciences, traductrice. Aujourd'hui je suis prof de français, rédactrice de livres Easy Readers et... auteur. Qu'est-ce que j'aime faire? Me promener dans la nature, visiter les grandes villes, lire de bons livres et ... travailler. Un petit conseil? Voyagez!

Samedi matin, 7 heures

Avec ses 14 ans, ses *cheveux* et ses *yeux* couleur de café, Patrick a du succès auprès des filles.

Et ce samedi matin, il est très content. Pourquoi? Parce que c'est le week-end... Parce qu'il est au camping de ses parents... Et parce que là il y a de belles filles, de belles nanas, comme il les appelle.

En trois secondes, il met un jean et un T-shirt. Sa mère fait du café dans la cuisine, comme d'habitude.

La mère : Bonjour, mon chéri.
Patrick : *Salut*, maman.
La mère : Tiens, voilà du café au lait et du pain.
Patrick : Merci.

Pendant qu'il mange, la météo annonce le temps en France pour le week-end : ... temps variable dans le sud avec risques de *pluie* ou de tempête...

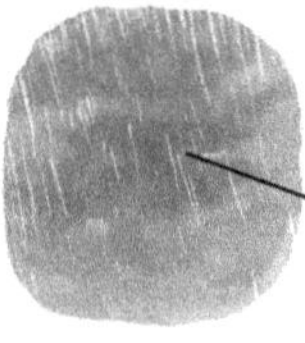

salut, bonjour ou au revoir (familier)

7 heures 30

Dans la petite boutique du camping, il y a déjà quatre clients. Un Hollandais achète deux *baguettes*, deux Français veulent des *journaux* et une Scandinave achète du *fromage*.

Sur la porte de la boutique, il y a un tableau noir. Patrick écrit :

MÉTÉO SAMEDI
TEMPS VARIABLE
RISQUE DE PLUIE OU TEMPÊTE
VARIABLE WEATHER, HAEVY RAIN

Une voix de fille dit : HEAVY... E...A
Il tourne la tête et voit deux grands yeux bleus ou violets, de longs cheveux blonds, une casquette rouge, un T-shirt blanc et un jean... Il est *paralysé*... Quelle nana!

La fille : Tu parles pas?
Patrick : Euh!...si. Tu es sûre?

paralysé, paralysée, qui ne peut plus bouger

La fille : *Ouais*. Dans mon pays, on parle français, flamand et anglais.
Patrick : Et ton pays, c'est quoi?
La fille : La Belgique.
Patrick : OK, je te crois. Je suis Patrick et toi?
La fille : Moi, je suis Marie et je promène mon chien Milou... Salut!

Milou! Comme le chien de Tintin! pense Patrick et il écrit EA, puis il prend son portable pour envoyer un SMS à son meilleur copain Éric (au collège, on les appelle Ic et Ic) :

J'ai rencontré une SUPER nana. Elle est de Belgique et elle a un chien qui s'appelle Milou. J'ai pas le temps de te voir aujourd'hui. À demain? Ic.

10 heures

Patrick travaille dans le camping pendant deux heures et demie. Puis, il fait une pause. Il regarde son portable. Pas de message d'Éric. Il *dort* encore!

Patrick prend son nouveau vélo, un *VTT*, pour faire le tour du camping.

VTT

ouais, oui (familier)
dort, 3ème personne présent de dormir

Où est Marie?.... Il va vers la forêt... Non... Il va vers la route nationale... Non... Il va vers la *rivière*...

Là, il voit une casquette rouge et il entend Marie appeler : Milou... Milou...

Patrick : Salut! Tu te promènes encore avec ton chien?

Marie : Non, je cherche Milou.
Patrick : Il *part* souvent?
Marie : De temps en temps. Mais il *revient* toujours.
Patrick : Alors pas de problèmes. Monte sur mon VTT et on fait le tour du camping.

part, 3ème personne présent de partir
revient, vient à nouveau (venir)

Elle *rit* et monte sur le VTT. Il fait du footing à côté d'elle.

Patrick : Tu viens souvent dans la région?
Marie : Ouais, mes parents aiment beaucoup la région de l'Isère. Ils font des promenades, du footing, du canoë. Et toi, tu fais du sport?
Patrick : Ouais, du football, du ski... et je *fais de l'escalade*... dans les montagnes, dans les *arbres* même.
Marie : Et tu habites ici toute l'année?
Patrick : Ouais.
Marie : Tu aimes?
Patrick : L'été, ça va. L'hiver, *bof!*...Tiens, voilà ton chien!
Marie : Milou, viens ici!.. Merci pour le VTT. Je vais avec mes parents faire du canoë.
Patrick : Attention! La rivière est dangereuse et la radio a annoncé pluie et tempête!
Marie : Bof! Regarde, il y a du soleil! Salut!
Patrick : Tu rentres vers cinq heures? Alors, rendez-vous sur la terrasse au bord de la rivière.
Marie : Peut-être!

Et elle rit.

rit, 3ème personne présent de rire
faire de l'escalade, monter le long de hautes montagnes
l'arbre, voir ill. page 9
bof, bon (familier)

11 heures

Patrick revient en VTT vers la boutique. Cette nana, elle est belle! Elle est sympa! Elle est sportive! Et elle rit!

Il trouve Éric… furieux… sur son scooter.

Éric : Ça fait 45 minutes que j'attends. Qu'est-ce que tu fais?

Patrick rit. C'est trop comique de voir son meilleur copain furieux.

Patrick : Eh! Calme-toi! T'as pas regardé ton portable?
Éric : Non, il est chez Sylvie.
Patrick : Écoute, je suis désolé. J'ai pas le temps de te voir aujourd'hui. J'ai rencontré des yeux bleu-violet, de longs cheveux blonds et un rire… un rire…

Il s'arrête. Il n'arrive plus à trouver ses mots. Éric est très intéressé.

Éric : Elle est où cette nana?

Tout à coup, Patrick *a peur* : Éric a beaucoup

avoir peur, être effrayé

de charme avec ses yeux gris-vert. Éric a un scooter. Éric aime les filles. Et les filles aiment Éric. D'habitude, ça ne fait rien. C'est un jeu. Mais aujourd'hui...

Patrick : Elle fait du canoë avec ses parents.
Éric : Bon, salut! À cet après-midi. Une nana comme ça, je dois la voir!

Patrick est irrité... Il a rencontré Marie le premier. Et, il ne veut pas qu'Éric rencontre Marie.

Samedi après-midi, 3 heures

Il n'y a plus de soleil, mais de gros *nuages* noirs. Les campeurs contrôlent leurs *tentes* et leurs *caravanes*. Ils regardent le ciel. Hum! Pas bon! Pas bon du tout!

Éric arrive sur son scooter. Patrick est très irrité.

Patrick : Elle n'est pas là!
Éric : Au village, on dit qu'il *pleut* beaucoup dans la montagne. Vous avez écouté la radio?

la tente, voir ill. page 8-9
la caravane, voir ill. page 28
pleut, 3ème personne présent de pleuvoir

Patrick pense tout de suite à Marie et à ses parents. La rivière est dangereuse. Il a un peu peur pour elle.

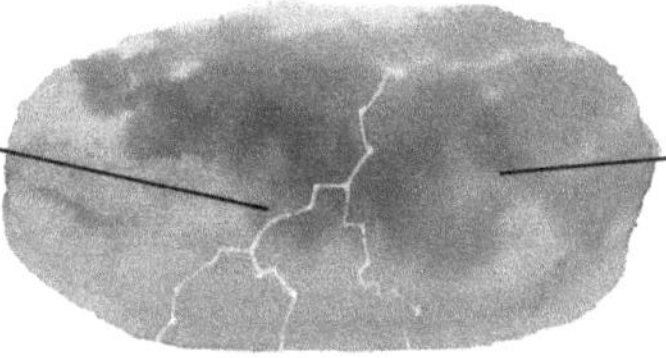

Patrick : Viens. Allons voir le niveau de la rivière.

Il monte sur le scooter d'Éric et ils vont lentement vers la rivière.

Le niveau de l'eau est déjà très haut. Trop haut pour un après-midi de septembre.

Patrick pense à Marie... et aux campeurs. Il est *anxieux*.

Patrick : Vite. Allons voir mon père.

Devant la boutique, il y a une voiture grise avec un B et un grand canoë sur une *remorque*. C'est la voiture des parents de Marie.
Dans la boutique, le père de Patrick écoute la météo à la radio : ... Alarme... Très grosses pluies sur l'Isère. L'eau de la rivière risque de

anxieux, anxieuse, être très nerveux, très inquiet
la remorque, permet de transporter des choses lourdes

monter... un mètre environ... Je répète... Alarme... Faites attention...

Éric n'écoute pas la radio. Il regarde une casquette rouge *mouillée*, deux grands yeux bleu-violet, de longs cheveux blonds mouillés, un anorak bleu... Il est paralysé... Quelle nana! Marie regarde les yeux gris-vert d'Éric.

Marie : Tu parles pas?

Éric : Euh!...si. Tu es mouillée?

Marie : Ouais. Il pleut dans ton pays.

Éric : Et dans ton pays, il pleut pas?

Marie : Si.

Et elle rit.

Éric : Je suis Éric, le meilleur copain de Patrick. Tu es Marie?

Marie : Ouais et voici mon chien Milou...

Patrick regarde son copain. Éric semble paralysé. Patrick est irrité et... jaloux. Comment va-t-il éliminer Éric ?

Le père de Patrick se tourne vers les deux garçons.

Le père : Patrick et Éric, donnez vite un message à tous les campeurs. Ils doivent venir

mouillé, mouillée, quand il pleut, on est mouillé

à la boutique car la situation est alarmante.

Les deux garçons montent sur le scooter d'Éric et vont vite d'une tente à l'autre, d'une caravane à l'autre.

Patrick : Hello! We ave a situation alarmante. Situation alarmante! ... Alarming! You ave to go to the shop.

Heureusement, tous les campeurs comprennent le message.

4 heures

Pendant que les campeurs sont dans la boutique, Patrick et Éric vont en scooter vers la rivière.

L'eau est maintenant *violente*. Elle monte rapidement!

Patrick pense à Marie, à ses yeux bleu-violet, à ses longs cheveux blonds, à son sourire... Tout à coup, il a une idée. Il *sait* comment éliminer Éric! Ils vont faire une competition.

Patrick : Dis, Marie, *elle te plaît*?

violent, *violente*, très fort
sait, 3ème personne présent de savoir
elle te plaît, synonyme de : tu l'aimes

Éric : Elle est super, cette nana! Elle est pour moi!

Et il rit.

Patrick : Elle me plaît aussi. Alors, on fait une competition. On monte dans cet arbre.

Et il montre un arbre énorme.

Éric : Tu es fou!
Patrick : Tu as peur? Le premier qui arrive en haut de l'arbre *gagne et*... a Marie!

Éric regarde l'arbre. C'est vrai, il a un peu peur. Mais il pense à la casquette rouge mouillée, aux deux grands yeux bleu-violet, aux longs cheveux blonds mouillés...

Éric : D'accord!

Les deux garçons *descendent* du scooter, vont vers l'arbre et commencent à *monter*... Après une dizaine de minutes, Patrick est déjà au milieu de l'arbre. Il est tout heureux.

Éric est encore dans les premières *branches*. Il

gagner, dans une concurrence, le meilleur gagne
descendre, aller vers le bas
monter, aller vers le haut

a peur, les branches sont mouillées, c'est difficile... mais il ne veut pas s'arrêter.

À ce moment-là, la pluie devient très forte, le vent devient violent. Il y a un *éclair* et boum... badaboum... boum boum… du tonnerre.

Patrick s'arrête. Il sait que c'est dangereux d'être dans un grand arbre au bord de la rivière quand il y a des éclairs et du tonnerre.

Patrick : Éric!
Il crie plus fort.
Patrick : Éric!
Éric : Ouais!
Patrick : On s'arrête! Je descends!
Éric : Tu as peur? Alors, j'ai gagné!
Patrick : Non, j'ai pas peur et t'as pas gagné. Mais, c'est dangereux maintenant. On recommence demain.

Quelques minutes plus tard, Patrick est à côté d'Éric. Il voit que son copain est très fatigué. Son visage et ses mains sont rouges. Bien sûr, il est toujours sur son scooter et ne fait jamais de sport!

Patrick : Bon, fais attention, les branches sont mouillées, on va descendre lentement. Je vais t'aider.

éclair, voir ill. page 13

Les deux garçons commencent à descendre lentement. C'est vrai, les branches sont très mouillées. Il y a de nouveaux éclairs et du tonnerre. Tout près, maintenant.

5 heures 30

Pendant ce temps, les touristes sont dans la boutique du camping. Le père de Patrick demande au père de Marie, qui est belge, de traduire en anglais pour expliquer la situation aux campeurs.
Le père de Patrick : Mesdames et messieurs, la situation est alarmante. La radio annonce un orage terrible dans la région de l'Isère.

Le père de Marie traduit.

Le père de Patrick : Nous sommes ici au bord de la rivière et le niveau de l'eau risque de monter rapidement. Peut-être un mètre, peut-être deux!

Le père de Marie traduit.

Le père de Patrick : Alors, pas de panique. Nous avons encore du temps. Allez à vos tentes et vos caravanes et prenez tout ce que vous pouvez en dix minutes.

Le père de Marie traduit.

Le père de Patrick : J'ai appelé la police. Nous pouvons passer la nuit dans l'école. Alors, voici des plans du village. Et allez tous en voiture vous installer dans l'école.

Le père de Marie traduit pendant que le père de Patrick donne les plans du village.

Le père de Patrick : D'ailleurs, où sont mon fils et son copain?
Marie : Ils sont allés vers la rivière.

Marie est un peu anxieuse. Elle sait qu'elle plaît à Patrick et à Éric. Et elle sait que Patrick est jaloux. Alors, pourquoi ne sont-ils pas à la réunion? Où sont-ils? Et que font-ils?

Le père de Patrick : Vers la rivière! Mais ils sont fous!

Les campeurs retournent vite à leurs tentes et leurs caravanes. Marie va avec ses parents.

Le père de Patrick prend sa voiture et va vers la rivière. L'eau a déjà atteint les premières tentes.

Dans l'arbre, Patrick et Éric sont assis sur la première grosse branche et regardent le scooter. Il est presque sous l'eau qui monte avec violence.

Éric : *Merde*! Mon scooter! Vite, aide-moi à descendre.

Patrick : Non, impossible. C'est trop dangereux. Regarde l'eau. On est bloqués.

Éric : Si je perds mon scooter, c'est ta faute! Avec ta competition idiote!

Patrick : Non, c'est ta faute! Tu veux toujours prendre toutes les nanas!

Éric : Je *m'en fous* de ta nana! Moi, je préfère mon scooter.

Et Éric essaie de descendre de la grosse branche.

Le père de Patrick arrive à ce moment-là et voit la situation des deux garçons. Les idiots! Qu'est-ce qu'ils font dans cet arbre!

Il regarde l'eau de la rivière. Elle est violente. Elle est très haute. Elle va peut-être emporter le scooter. Mais Éric ne doit pas descendre de l'arbre.

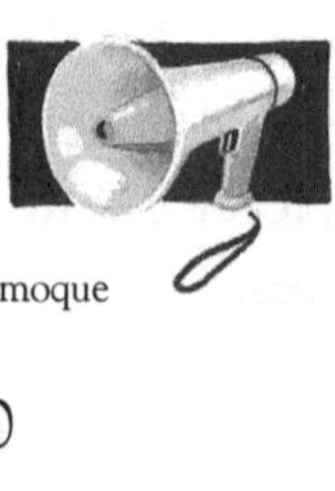

porte-voix

merde, juron (familier)
je m'en fous, ça m'est égal, je m'en moque

Le père de Patrick prend son *porte-voix*.

Il ouvre la porte de sa voiture, fait signe aux deux garçons et crie :

Le père : Restez où vous êtes! Ne bougez pas. L'eau est trop violente. J'appelle les *sapeurs-pompiers*.

Il prend son portable et fait le numéro des pompiers.

Voix : Allô, ici les sapeurs-pompiers.
Le père : Allô, bonjour, ici, M. Ménard, le propriétaire du Camping des Roses. Nous avons une situation dangereuse. Mon fils et son copain sont dans un arbre au bord de la rivière. Le courant est très violent et ils sont bloqués par l'eau qui monte rapidement. Venez tout de suite.
Voix : On arrive.

Le père de Patrick est très inquiet. La situation est critique.

Le père : Les pompiers arrivent. Restez où vous êtes.

Puis il téléphone aussi aux parents d'Éric.

le sapeur-pompier, professionnel qui aide d'autres personnes en cas d'accident

voiture de
pompiers
corde
branche

Samedi soir, 6 heures

Quelques minutes plus tard, on entend la *voiture des pompiers*. Pin-pon, pin-pon...

Les pompiers prennent une longue *corde* et la lancent vers l'arbre. Patrick l'attache bien à la grosse branche.

Patrick : Éric, vas-y. C'est comme à la *gym*. Tiens bien la corde avec tes *mains* et tes *pieds*.

Il aide son copain... Et Éric arrive sans problèmes à côté de la voiture de pompiers.

Patrick commence, lui ausssi, à glisser le long de la corde. À cet instant, il y a un grand éclair, un bruit terrible et le haut de l'arbre tombe dans la rivière. Sous le choc, Patrick tombe à l'eau.

Éric crie : Patrick! Patrick!

Un pompier se jette à l'eau, attrape Patrick par le bras et le tire vers la voiture.

la gym, la gymnastique

Le père : Grand idiot! On parle de tout ça demain. On va chercher ta mère, on raccompagne Éric et ensuite on va à l'école.
Éric : Et mon scooter?
Le père : Regarde! Il est là-bas, près du petit arbre. C'est trop dangereux maintenant. On revient voir demain.

Pendant ce temps, les touristes s'installent dans l'école. Les policiers apportent des *lits de camp* et des *sacs de couchage*.
Le *boulanger* et l'*épicier* apportent du pain, du jambon, du fromage et du lait pour les enfants.

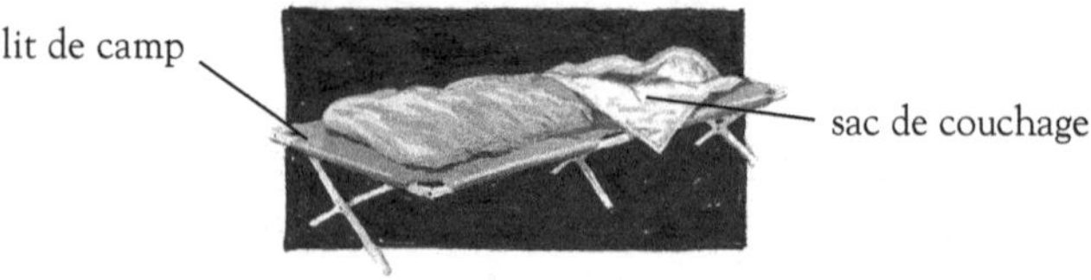

Marie pense à Patrick et à Éric. Elle est très inquiète.
Sa mère voit qu'elle est nerveuse.

La mère : Marie, ne sois pas nerveuse. Tu vas revoir tes copains! Aide-nous plutôt. Prends Milou et fais jouer les enfants.

le boulanger, *la boulangère*, fabriquent et vendent du pain
l'épicier, *l'épicière*, vendent des légumes, des fruits, de la charcuterie, des fromages, du vin...

Marie regarde les enfants. C'est vrai, ils sont nerveux eux aussi.

Alors, elle prend Milou dans ses bras et un paquet de *bonbons*. Puis elle s'installe au milieu de la salle et commence à jouer avec Milou. Les enfants la regardent et viennent. Ils ont tous envie de jouer avec le chien et de manger un bonbon...

7 heures

Tout à coup, elle entend une voiture. Voilà Patrick et ses parents! Elle va vite à la porte de l'école.

Quand Patrick sort de la voiture, il voit deux grands yeux bleu-violet, de longs cheveux blonds, une casquette rouge, un T-shirt blanc et un jean.

Patrick : Salut, tu vas bien?

Marie a un petit sourire. Elle regarde Patrick, ses cheveux et ses yeux couleur de café. Il est quand même *sympa*. Plus sympa qu'Éric.

Marie : Ouais et toi? Qu'est-ce que tu as fait?

le bonbon, quelque chose de sucré et coloré que les enfants aiment manger
sympa, sympathique

Patrick : Bof! J'étais dans un arbre avec Éric. Pour une petite competition.
Marie : Ah, oui! Et qui a gagné?
Patrick : Personne. Mais c'était bon pour lui. Il ne fait jamais de sport.

Et ils rient tous les deux.

Pendant ce temps, les parents de Patrick parlent avec les campeurs. Certains sont calmes, d'autres sont nerveux.

8 heures

Le père de Patrick met la télé pour entendre la météo : ... Très grosses pluies sur toute la région de l'Isère... Le niveau de la rivière est monté de trois mètres... Il monte encore... Tous les campings au bord de la rivière sont sous l'eau... La situation est catastrophique... Nous demandons à la population de **ne pas *sortir***... Je répète : **ne pas sortir**!

Les campeurs inquiets sont autour de la télé. On voit l'Isère, l'eau qui monte sur les ponts, dans les rues, les voitures *abandonnées*... La police, les pompiers, les reporters...
Ils commentent les événements :

sortir, aller dehors dans la rue, dans la ville, dans la campagne
abandonné, *abandonnée*, vide, sans personne

C'est terrible!
Quelle *cata*!
C'est comme en 1987!
Et notre caravane?
Et notre tente?

Marie et Patrick sont assis dans un coin de la salle. Ils parlent et rient. Ils semblent heureux.

Dimanche matin, 7 heures

Il ne pleut plus et le soleil brille.

Les parents de Patrick prennent le petit déjeuner avec les campeurs et écoutent la météo : Le niveau de l'Isère descend... Aujourd'hui : soleil et 25°.

On entend des BRAVOS et des HOURRAS dans la salle.

Un peu plus tard, M. et Mme Ménard partent les premiers pour le camping. Les rues sont encore mouillées, mais le niveau de la rivière est presque normal.

Au Camping des Roses, c'est la catastrophe au bord de la rivière : tentes *tombées*, caravanes *renversées*, objets ici et là... Quel travail!

M. Ménard prend son portable et appelle

la cata, la catastrophe
tombé, tombée, voir ill. page 28
renversé, renversée, voir ill. page 28

Patrick.

Le père : Allô, Patrick?

Patrick : Oui, papa. Alors?

Le père : Venez maintenant. Au *boulot*. On a beaucoup à faire.

Patrick : D'accord. On arrive.

9 heures

Les campeurs travaillent. Ils trouvent leurs tentes, remettent les caravanes en place, cherchent leurs objets.

le boulot, le travail

Les parents de Patrick vont et viennent, nettoient la boutique, le *bloc des douches* et des toilettes, le chemin qui descend à la rivière.

bloc des douches

Marie se promène avec Milou et quelques enfants.
Patrick appelle Éric chez ses parents.

Patrick : Salut! Alors, tu viens chercher ton scooter?
Éric : Bien sûr! Ça va?
Patrick : Ouais! Et avec ton père, ça va?
Éric : Il était *fou furieux* hier!
Patrick : Le mien aussi.
Éric : Bon salut, j'arrive sur mon vieux vélo.

Un quart d'heure plus tard, Éric arrive au Camping des Roses. Patrick l'attend à l'entrée.
Patrick : Alors, on est copains?
Éric : Ouais, les meilleurs copains du monde!

fou furieux, très en colère

Et ta nana, elle est où?
Patrick : Elle promène son chien et les enfants du camping.
Éric : Elle te plaît beaucoup?
Patrick : Ouais, assez.
Éric : Alors, je suis super sympa. Je te la laisse.
Patrick : Tu ne veux plus monter dans l'arbre?
Éric : Non. Mais je veux mon scooter!
Patrick : Attends! Mon père va venir avec nous. Il prend aussi une remorque.

Ils partent tous les trois dans la voiture du père de Patrick et descendent vers la rivière.

Éric : Merde! Il est où?

Ils regardent autour du petit arbre. Pas de scooter! Le sol est très mouillé et gris-marron, comme la terre. Le père de Patrick met des *bottes* et va regarder un peu plus loin le long de la rivière.

Le père : Voila! Je le vois! Venez m'aider!

Les deux garçons vont vite voir... Le beau scooter est lui aussi gris-marron! Éric pleure presque.

la botte, grande chaussure qui monte jusqu'au genou

Le père : Bon, on va le mettre sur la remorque et ensuite je l'amène chez le garagiste. À mon avis, ce n'est pas trop grave. Il faut le laver et faire contrôler le moteur.
Éric : Merci, M. Ménard!
Le père : Par contre, vous allez aider les campeurs.

Les deux garçons montent vers le camping. En chemin, ils rencontrent Marie.

Patrick : Tu restes encore longtemps?
Marie : Non, nous allons partir.
Patrick : Tu reviens l'année prochaine?

Les yeux couleur de café rencontrent les deux grands yeux bleu-violet. Marie fait un grand sourire, regarde d'abord Patrick, puis Éric.

Marie : Peut-être...

Et ils rient tous les trois.

Questions

Samedi matin, 7 heures

Patrick est blond ou brun?__________________

Où est-il?__________________

Pourquoi est-il content?__________________

Il a quels vêtements?__________________

Qui prépare le petit déjeuner?__________________

Que dit la météo?__________________

7 heures 30

Qui est dans la boutique?__________________

Qu'est ce que Patrick écrit sur le tableau noir?

Comment est la fille?__________________

Quelle est la réaction de Patrick?__________________

La fille est française?__________________

Quelle est le prénom de la fille?____________

____

Et le chien? Quel est son nom?____________

____

Patrick envoie un SMS à qui?____________

____

Et pourquoi?____________________________

____

10 heures

Patrick a un scooter?____________________

____

Décris l'illustration page 8-9 ____________

____

Patrick est un touriste aussi?____________

____

Patrick fait du sport?____________________

____

Et Marie fait du sport aussi?____________

____

11 heures

Éric a un VTT lui aussi?________________

____

Il est furieux. Pourquoi?________________

____

Éric est intéressé par Marie. Pourquoi? ______

____

Où est Marie? ____________________

____

Quelle est la réaction de Patrick?

____

Samedi après-midi, 3 heures

Il y a du soleil? ____________________

____

Il fait beau temps dans la montagne?

____

La météo annonce quoi? ____________________

____

Quelle est la réaction d'Éric quand il voit Marie? ____________________

____

Et quelle est la réaction de Patrick?

____

Les deux garçons parlent avec les campeurs. Pourquoi? ____________________

____

4 heures

Patrick a une idée. Quelle idée? ____________________

____

Éric accepte la concurrence. Pourquoi?

____

Est-ce que Patrick monte vite dans l'arbre?

____

Et Éric? ____________________

Il y a un éclair et du tonnerre. Que fait Patrick?

____

____

5 heures 30

Où sont les touristes?___________________________

____

Que dit le père de Patrick?_____________________

____

Il parle en anglais?______________________________

____

Où peuvent-ils passer la nuit?__________________

____

Le père de Patrick va au bord de la rivière. Que fait-il quand il voit la situation des deux garçons?_______________________________________

____

____

Samedi soir, 6 heures

Décris l'illustration.____________________________

____

____

____

Décris la situation dans l'école. ________________

____

____

____

____

7 heures
Marie préfère Patrick ou Éric?______________

8 heures
Quel est le message de la météo?____________
____
Quelle est la situation à la télé?____________
____

Dimanche matin, 7 heures
Décris le camping.__________________________
____
____
____

9 heures
Que font Éric, Patrick et son père?__________
____
Comment se termine l'histoire?______________
____
____
____
____
____
____
____
____
____
____

Activités

1. Peux-tu dire les chiffres suivants?
   24, 84, 35, 15, 75, 95, 44, 17, 77, 13, 33

2. Décris ton meilleur copain/ta meilleure copine.

3. Mets les verbes au présent :
   avoir : Il ______________ peur.
   être : Je ______________ fou.
   manger : Tu ______________ du fromage.
   parler : Ils ______________ anglais.

4. Travail de groupe :
   Vous allez en vacances dans un camping. Faites une illustration du camping et écrivez une histoire.

5. Trouve les différentes nationalités :
   Scandinavie : un __________________ et une
   ____
   Angleterre : un __________________ et une
   ____
   France : un ______________________ et une
   ____

Belgique : un ____________________ et une

____

Hollande : un ____________________ et une

____

Connais-tu d'autres nationalités :
Espagne? ______________________________
Italie? ________________________________
Allemagne? ____________________________
Danemark? ____________________________
Suède? ________________________________

6. Travail de groupe : la nourriture et les boissons.
   Trouvez tous les mots sur la nourriture ou les boissons :

   ____

   ____

   ____

   ____

   ____

   Connaissez-vous d'autres mots?

   ____

   ____

   ____

   ____

   ____

7. Mets au pluriel les phrases suivantes :
Elle fait du canoë
Elles ________________________________

Il est très content
Ils ________________________________

Il s'arrête
Ils ________________________________

Un Hollandais achète
Des ________________________________

J'appelle les sapeurs-pompiers
Nous ________________________________

Tu vas revoir tes copains
Vous ________________________________

J'arrive
Nous ________________________________

8. Concurrence entre groupes de 2 ou 3 personnes.
Faites des groupes de 2 ou 3 personnes et trouvez dix verbes français à l'infinitif. Le premier groupe qui a terminé arrête les autres. Le groupe qui a le plus grand nombre de verbes corrects a gagné.

9. Question générale :
Quels sont les moyens de transport trouvés dans le texte?

____

____

____

____

____

Connais-tu d'autres moyens de transport?

____

____

____

____

____

Trouvez d’autres activitiés sur
www.easyreaders.eu

TITRES DÉJÀ PARUS:

ANGLAIS:
NIVEAU 0:
Philip Hewitt: EMMA AND THE BOY NEXT DOOR (Sound)
Ann Halam: THE SHADOW ON THE STAIRS

NIVEAU 1:
Pete Johnson: RUNAWAY TEACHER
Alan Posener: THE DOUBLE LIFE OF A VERY BLACK CAT
Stephen Speight: BED & BREAKFAST (Sound)
Stephen Speight: THE RUNAWAY
Jeremy Taylor: DR SCHNITZLER'S DOG
Jeremy Taylor: ALL 4 LOVE (Sound)
Wolf/Ferro: THE MISSING MASCOT (Sound)

NIVEAU 2:
Rita Bennet: THE SCARY CHAT ROOM (Sound)
Kevin Brooks: JOHNNY DELGADO PRIVATE DETECTIVE
Annie Dalton: FRIDAY FOREVER
Paul Davenport: HORROR TRIP ON THE PECOS RIVER (Sound)
James Heneghan: HIT SQUAD
James Heneghan & Norma Charles: BANK JOB
Philip Hewitt: HELPING HANDS
Philip Hewitt: TERROR IN THE HILLS
George Ivanoff: THE BOOKWORM MYSTERY
Karen McCombie: LOVE IS THE DRUG
E.E. Richardson BLACK BONES
E.E. Richardson DEVIL FOR SALE (Sound)
Stephen Speight: THE FJORD MURDER (Sound)
Stephen Speight: SUMMER SCHOOL ADVENTURES
Andy Stanton: STERLING AND THE CANARY
Jeremy Strong: MAD IRIS
Jeremy Taylor: FOOTBALL FRIENDS (Sound)
Jeremy Taylor: LUKE (Sound)
Lee Weatherly: THEM

NIVEAU 3:
Anne Cassidy: TALKING TO STRANGERS
Paul Davenport: CROSSROADS TO LOVE (Sound)
Paul Davenport: SNAKEMAN
Charles Ferro: HORROR AT REMSEN HIGH
Charles Ferro: MOONSTRUCK
Charles Ferro: LOVE TIES
Charles Ferro: BURNING LOVE
Charles Ferro: THE FORTUNE TELLER
Charles Ferro: KOOL-1
Charles Ferro: THE CAVE MYSTERY
Charles Ferro: VAMPIRE SKELETONS
Charles Ferro: VOODOO ZOMBIES
Philip Hewitt: QUEST FOR A FATHER
Sylvia Olsen: YELLOW LINE
Alan Posener: OH! CAROL and Other Steve Stories
Jeremy Taylor: LOVE ME BLINDLY
Tony Varrato: FAKIE

NIVEAU 4:
Charles Ferro: FOREVER YOUNG
Charles Ferro: OVER THE LINE
Philip Hewitt: SECRETS
Holly-Jane Rahlens: ONE FINE DAY

ALLEMAND:
NIVEAU 0:
ris Felter: MÄDCHEN & DER JUNGE AM MEER (Sound)
Greta Gallandy: KEINE ANGST? (Sound)
Patricia Mennen: KOPFTUCH

NIVEAU 1:
ris Felter: TANZ MIT MIRI
Greta Gallandy: IM CHATROOM GEFANGEN
Alan Posener: KATER, INES UND KATERINA

NIVEAU 2:
Alan Posener: MÄRCHENLAND
Elsegret Ruge: VIER FREUNDE – ABENTEUER IN MÜNCHEN (Sound)

NIVEAU 3:
Alan Posener: OLLI AUS OSSILAND

FRANÇAIS:
LEVEL 0:
Laurent Jouvet: RADIO MYSTÈRE (Sound)
Christiane Stéfanopoli: CATASTROPHE AU CAMPING DES ROSES (Sound)

NIVEAU 1:
Michel Amelin: CENT VINGT MINUTES POUR MOURIR
Pascal Garnier: LES ENFANTS DE LA NUIT (Sound)
Lenia Major: LA LETTRE MYSTÉRIEUSE
Brigitte Peshine: MON GRAND PETIT FRÈRE (Sound)
Jérôme Talou: PARCE QUE JE T'AIME

NIVEAU 2:
Stéphane Daniel: UN AGENT TRÉS SECRET
Anna Gavalda: 35 KILO D'ESPOIR
Charlotte Gingras: UN ÉTÉ DE JADE
Laurent Jouvet: ANNE ET L'ORDINATEUR (Sound)
Laurent Jouvet: RÉPÉTITION POUR UN CRIME
Jérôme Talou: L'AMOUR PAR INTERNET (Sound)
Paul Thiés: UN AUTOMNE ROUGE SANG (Sound)

NIVEAU 3:
Michaël Ollivier: FRÈRES DE SANG
Jérôme Talou: BRUNO ET L'AMOUR

NIVEAU 4:
Hallum/Louveau: CHOC DES CULTURES

ESPAGNOL:
NIVEAU 0:
Jaime Corpas: AMIGOS VIRTUALES
Javier Navarro: UN MUNDO FANTÁSTICO

NIVEAU 1:
Jaime Corpas: MISTERIO EN LA SAGRADA FAMILIA
Javier Navarro: UNA HISTORIA DE MONTAÑA

NIVEAU 2:
Javier Navarro: LAS ESTATUAS DE MACHU PICCHU

READ ON SERIES
ANGLAIS:
NIVEAU 2 (A2) – including CD
Benni Bødker: SARIN IN SULPHUR VALLEY
Benni Bødker: SARIN IN THE EMPEROR'S CITY
Benni Bødker: SARIN IN THE FOGGY MOUNTAINS
Benni Bødker: SARIN IN NORDHEIM
Benni Bødker: SARIN IN THE SALT MINE
Benni Bødker: SARIN AND THE STAR TOWER

A-TEAM SERIES
– Free mp3 available at www.easyreaders.eu
NIVEAU 3:
Daniel Zimakoff & Ida-Marie Rendtorff: THE COMPUTER MYSTERY
Daniel Zimakoff & Ida-Marie Rendtorff: THE STOLEN MONKEY
Daniel Zimakoff & Ida-Marie Rendtorff: KIDNAPPED

LABYRINTH SERIES:
ALLEMAND: NIVEAU 3 (A2/B1):
Martina Gattermann: AUF GEFÄHRLICHEN WEGEN (Sound)
Martina Gattermann: EIN DRAMATISCHER URLAUB (Sound)
Martina Gattermann: SOS AUS WIEN (Sound)
Martina Gattermann: HORROR IN HINTERTUX
Martina Gattermann: ABENTEUER IN BERLIN

Sound: Available as either Mp3 or CD, check www.easyreaders.eu